保定长城图典

涞源烟煤洞长城　刘长虹 摄

涞源烟煤洞长城寨子青段　商仕佳 摄

涞源乌龙沟长城碾子沟段　陈利国 摄

涞源浮图峪长城南楼台段　李彦洪 摄

保定长城图典

BAODING
CHANGCHENG TUDIAN

马 力 李文龙 主编

河北大学出版社
·保定·

出 版 人：朱文富
责任编辑：赵彩霞
装帧设计：赵　谦
王占梅
责任校对：刘景坤
责任印制：常　凯

图书在版编目（CIP）数据

保定长城图典 / 马力，李文龙主编．-- 保定：河北大学出版社，2021.7
ISBN 978-7-5666-1806-1

Ⅰ．①保…　Ⅱ．①马…　②李…　Ⅲ．①长城—保定—图集　Ⅳ．①K928.77-64

中国版本图书馆 CIP 数据核字（2021）第 000483 号

保定长城图典

出版发行：河北大学出版社
地址：河北省保定市七一东路2666号　邮编：071000
电话：0312-5073019　0312-5073029
网址：www.hbdxcbs.com
邮箱：hbdxcbs818@163.com
印　　刷：保定市正大印刷有限公司
幅面尺寸：210 mm×285 mm
字　　数：87 千字
印　　张：15
版　　次：2021年 7 月第 1 版
印　　次：2021年 7 月第 1 次印刷
书　　号：ISBN 978-7-5666-1806-1
定　　价：168.00 元

保定长城图典

编委会

序

长城，“上下两千年，纵横十万里”，是中华民族勤劳智慧的体现和伟大创造力的象征，是五千年来中华民族自强不息的精神源泉。长城是冷兵器时代历史最悠久、体系最完备的军事防御工程，是中国古代文化遗产的标志性符号。1987 年 12 月，长城被联合国教科文组织列为世界文化遗产。

2019 年 7 月 24 日，中共中央总书记、国家主席、中央军委主席习近平主持召开中央全面深化改革委员会会议，审议通过了《长城、大运河、长征国家文化公园建设方案》(以下简称“《方案》”)，由中共中央办公厅、国务院办公厅印发。《方案》强调，要以习近平新时代中国特色社会主义思想为指导，全面贯彻党的十九大精神，以长城、大运河、长征沿线一系列主题明确、内涵清晰、影响突出的文物和文化资源为主干，生动呈现中华文化的独特创造、价值理念和鲜明特色，促进科学保护、世代传承、合理利用，积极拓展思路、创新方法、完善机制，到 2023 年底基本完成建设任务，使长城、大运河、长征沿线文物和文化资源保护传承利用协调推进局面初步形成，权责明确、运营高效、监督规范的管理模式初具雏形，形成一批可复制推广的成果经验，为全面推进国家文化公园建设创造良好条件。

为落实好《方案》的要求，保定市委、市政府成立了最高规格的领导小组，市政府主要领导任组长，市委常委、市政府常务副市长任常务副组长，市委常委、宣传部长，主管副市长任副组长，市直相关部门、长城沿线相关县（区）政府主要领导为成员，高标准推动长城国家文化公园（保定段）建设工作。

保定北邻燕山，西依太行，东南为广袤的华北平原，历来为战略要冲、兵家必争之地，元代以降为畿辅首善、京南屏翰。独特的地理位置为保定留下丰富的长城资源，包括战国中山长城、战国燕南长城、明长城等，历史悠久、建筑风貌独特，其中明长城被誉为“承前启后，长城精华”。城墙、敌台、马面、屯戍点、城堡、关城，一应俱全，构成了完整的战略防御体系。明长城涞源段绵延 120 余公里，原始风貌保存最为完好；易县紫荆关、唐县倒马关与北京居庸关并称“内三关”，在明代军事防御体系中占有极其重要的地位。

作为长城保护传承的一项具体举措，《保定长城图典》收录了保定境内各时代长城的精美图片，辅以文字说明，系统、全面地展示了保定长城的历史、科学和艺术价值，展示了长城四季的波澜壮阔，使人们更直观地了解保定长城，走进长城，保护长城，宣传长城，助力长城国家文化公园建设，让古老的文化遗产在新时代绽放出新的光辉。

是为序。

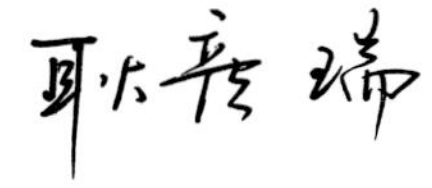

2021 年 7 月

目录

保定长城概说

长城作为古代社会最宏伟、持续修筑时间最长、最系统的军事防御工程，在我国有着2000多年的悠久历史，是中华民族2500年生存、进化、发展的历史见证。长城“上下两千年，纵横十万里”，不仅是举世闻名的历史遗迹和古代劳动人民聪明智慧的结晶，更是中华民族自强不息、热爱和平的精神力量的象征。

长城是人类历史上持续修建时间最长的军事防御工程，是一条有形的文化界线，是自然环境和历史文化传统相结合的产物，是草原游牧经济和定居农耕经济的分野。《易经》曰：“王公设险，以守其国。”东汉蔡邕曾说：“天设山河，秦筑长城，汉起塞垣，所以别内外，异殊俗也。”

保定位于辽阔的华北大平原的中部，历史悠久。从炎黄时代开始，古代燕赵之地很长时间处于胡汉杂居的状态，是战争发生的频繁之地，也成为修建长城的重要地区。多年的调查发现，保定境内的长城开始修筑于战国时期。在漫长的历史岁月里，先后有中山、燕、明代等诸侯国或封建王朝修筑了长城，其中明代以前现存墙体约97公里，明长城墙体约153公里。其时间延续之长久、建筑类型之多样、防御体系之严密，在河北长城中占有极其重要的位置。尤其是在明代，作为京畿重地的保定，长城的修筑更是达到了高峰。

中山国是春秋战国时期位于燕、赵之间的“千乘之国”，主要活动区域在今石家庄中部、北部和保定南部。中山国多次与赵国、燕国发生战争。据《史记·赵世家》记载：赵成侯六年（公元前369年），中山筑长城。中山国是河北境内最先修筑长城的诸侯国。很长一段时间内，由于缺乏实地调查，中山国长城遗迹一直未能确认。1988年，考古工作者在唐县的唐河东岸发现了一道石砌长城遗迹，以后数年又陆续在曲阳、顺平、涞源发现了相近的长城遗迹。中山长城总长约49公里，其特点为：以主干城墙为主体，另在一些险要的关口筑城或筑墙扼守；在城墙内侧修筑较大的城址做屯戍点，或在城墙附近驻兵防守，共同构成一道严密的防御体系。经调查，战国中山长城分布于保定市涞源、唐县、顺平、曲阳四县。由涞源县黄土岭开始，沿唐河东岸大致呈南北走向延伸，最终止于唐县灌城。另在顺平隘门口、曲阳郑家庄王快水库北侧的山岭上也发现了长城遗存。墙体石砌或土石混砌，残宽1—2.5米，残高0.4—3米。沿线发现4处城址、两处屯戍遗址、6处烽燧遗址。战国中山长城的发现，填补了我国长城调查研究的空白。

战国时期，燕昭王即位后，立志报仇雪耻。他励精图治，招贤纳士，使燕国进入最强盛的时期。名将乐毅南伐强齐，秦开北破东胡，燕国开始向东北开拓。在此前后，燕国开始修筑南、北两道长城。

燕南长城途经河北省保定市的易县、徐水，雄安新区的容城、安新、雄县，廊坊的文安、大城，总长约259公里，保定境内的长约48公里。它沿南易水河而建，又称“易水长城”，首起于易县西南30公里的太和庄西侧的狼窝尖山，沿南易水河北岸延伸，进入徐水后继续沿瀑河（南易水河下游）北岸东行至遂城西。燕南长城跨瀑河，向东经徐水城区入容城、安新，沿白洋淀北堤转北、转东而行。进入雄县后跨越大清河，沿河北岸进入廊坊市文安县。燕南长城的墙体有土石混砌和黄土夯筑两种形制，以易县曲城、徐水大庞村等地保存较好，基宽4—15米，顶宽1—4米，存高1—6.3米。许多地段利用古代堤防为墙体，兼具防水、防御的双重功能。

横亘于中国北方辽阔地域的明代长城，是举世公认的古代世界规模最大、持续修筑时间最长的军事防御工程，是中国封建社会工程技术水平和劳动人民聪明智慧的集中体现。明长城吸取了历代封建王朝长城建筑的特点，以一道或多道绵延伸展的墙体为主线，以一重或多重关堡、烽火台等军事防御设施为支撑点，构成了一个从中央政权通过各级军事、行政机构，联系最基层军事单位和守城戍卒的完整的、多层次的、纵深的防御体系。

明代边镇驻军规模较大，地域辽阔，各边镇设镇守总兵官 1 人，为防区最高军事指挥官，驻守镇城。下设协守副总兵 1 人（蓟镇为 3 人）。镇下设若干路，路设分守参将 1 人，驻守路城或重要关堡。每路一般辖二卫，卫设守备 1 人，驻守卫城。每卫辖 5 个千户所，所设千总 1 人，驻守所城。每千户所辖 10 个百户所，所设把总 1 人，驻守所城。每百户所又辖两个总旗，旗设总旗官 1 人。每总旗又设 5 个小旗。此外，各镇还设游击将军若干名，职位稍低于参将，驻镇城或指定关堡，受镇守总兵、巡抚调遣。镇统领士兵几万至十几万不等，路统领士兵约 1.2 万人，卫统军约 5600 人，所统军约 1120 人，堡城驻军约 112 人，总旗约 50 人，小旗约 10 人。游击统军约数千人。

保定境内的明长城属于真保镇（又称“保定镇”）管辖，又称“次边”，明嘉靖二十九年（1550 年）增设，管辖太行山区的长城关隘，是京师西南防御的第一屏障。保定境内明长城由涿鹿县马水口南入涞水县，大部分地段以山为险未筑墙。长城由涞水县向西南入涞源县，沿东北—西南走向横跨涞源全境，入山西省灵丘县。长城由灵丘再入阜平县，南转西抵吴王口，由此分为两支：一支向西北又入灵丘县；一支向西南沿河北、山西交界南行，进入灵寿县、平山县、井陉县。长城墙体总长约 153 公里，关城 19 座，敌台 309 座，烽火台 100 座。其中易县紫荆关、唐县倒马关为“内三关”之重要关口，涞源境内的乌龙沟、白石口段长城原始风貌保存最为完好。

长城的功绩

在 2000 多年的历程中，长城抵御了来自北方游牧民族的侵扰和劫掠，消除了边患。长城既可以看作军事对抗与防御的产物和手段，也可以看作确定边境贸易的口岸，是集中管理、约束的一种有效方式。长城还是一条经济文化的连接线，如果没有它的连结作用，中国就不可能形成一个地域辽阔、民族众多的统一体；如果没有它的融合功效，中华民族也许就不可能如此博大地敞开自己的心胸，容万方文化于一身。所以，中华文化的多元一体格局可以说始于长城的修建。

长城之美

长城以壮美为特点，与北方雄奇的山水互相映衬，是中国古代建筑与自然环境的完美结合。长城之美可以概括为雄伟外观的感性之美和建筑本身所蕴含的精神内涵之美。

长城的修建无不体现出从实用性出发而演化来的巧夺天工的艺术构思。流动在崇山峻岭山脊上的墙体，按照山体的走势变换着节奏，呈现出优美的曲线变化，在每一个曲折变向之间，又渐次点缀着敌台、马面和烽火台；垛口墙均衡分布形成了和谐的节奏感；形制多样的空心敌台、马面的设置成为长城线上最美妙的景观；关城的威严、雄伟、壮观，给人们带来丰富的审美愉悦。而她巨大的身躯、粗糙的表面材质，又肆意地彰显着一种彪悍、粗犷的阳刚之美。苍凉的长城横亘，在幽幽地诉说自己绵长而斑驳的故事的同时，也给予了我们遥望历史、感悟沧桑的生命契机。

长城所体现的精神内涵也是十分丰厚的。长城是中国古代劳动人民聪明智慧的结晶，是中华民族自强不息、爱好和平的象征。但在那遥远的年代，长城工程的浩大、人力物力的消耗，给劳动人民造成沉重的负担，从而也成为封建帝王暴政的表现。

长城的历史作用

第一，在以冷兵器为主要战争武器的年代，以长城进行军事设防，遏制北方游牧民族的袭扰，是国家安全保障的需要，是某一时间和空间内人类生存的必然产物，其积极作用十分明显，也成为中华民族对古代世界文明的巨大贡献。长城作为“有备则制人，无备则制于人”的军事设施，从简单的城墙结合，发展到烽堠相望、敌台林立、由点到线、由线到面、层次分明、各级各类机构有机结合的严密防御体系，为中国军事科学的进步增添了全新的内容。长城“九边”防御体系不仅突出了主要防御方向，而且加强了侧翼、纵深和后方的保护。这些军事战略思想，至今仍值得我们学习和借鉴。

第二，长城为中华民族经济文化的发展提供了保障。长城的外在形态是军事对峙，本质却是对国家利益的守护。有了长城及驻军的管理监护，长城非但没有割裂各民族间的联系，反而有利于促进边地经济的发展和各民族之间的有序交往与文化趋同，从多方面促进了边境地区经济的繁荣和各民族间文化的交流与渗透。

第三，长城对中华民族统一的多民族国家的形成与巩固做出过积极贡献。多种经济文化因素相互作用下形成的北方长城文化带，随着畜牧业、农业、商业贸易的发展，最终融入了中华文化的主体。长城的存在，见证了中华民族疆域发展的历史进程，推动了民族融合的发展。

现在，作为中华民族生存、发展、兴盛的历史见证，长城虽然早已失去了它原来的功用，但作为古代世界最伟大的工程之一，它仍巍然屹立在我们祖国的大地上，为祖国的壮丽山河增添了浓重的色彩。长城是中国的一部史诗，尽管岁月剥蚀，已成为历史的陈迹，但它作为精神化了的文化基因，已融入炎黄子孙的血液。长城留给后人的思考，远远超过它本身的内涵与价值。长城不应当仅是“但留形胜壮山河”的历史遗物，更要在中华民族迈向现代化的过程中发挥更大的作用。

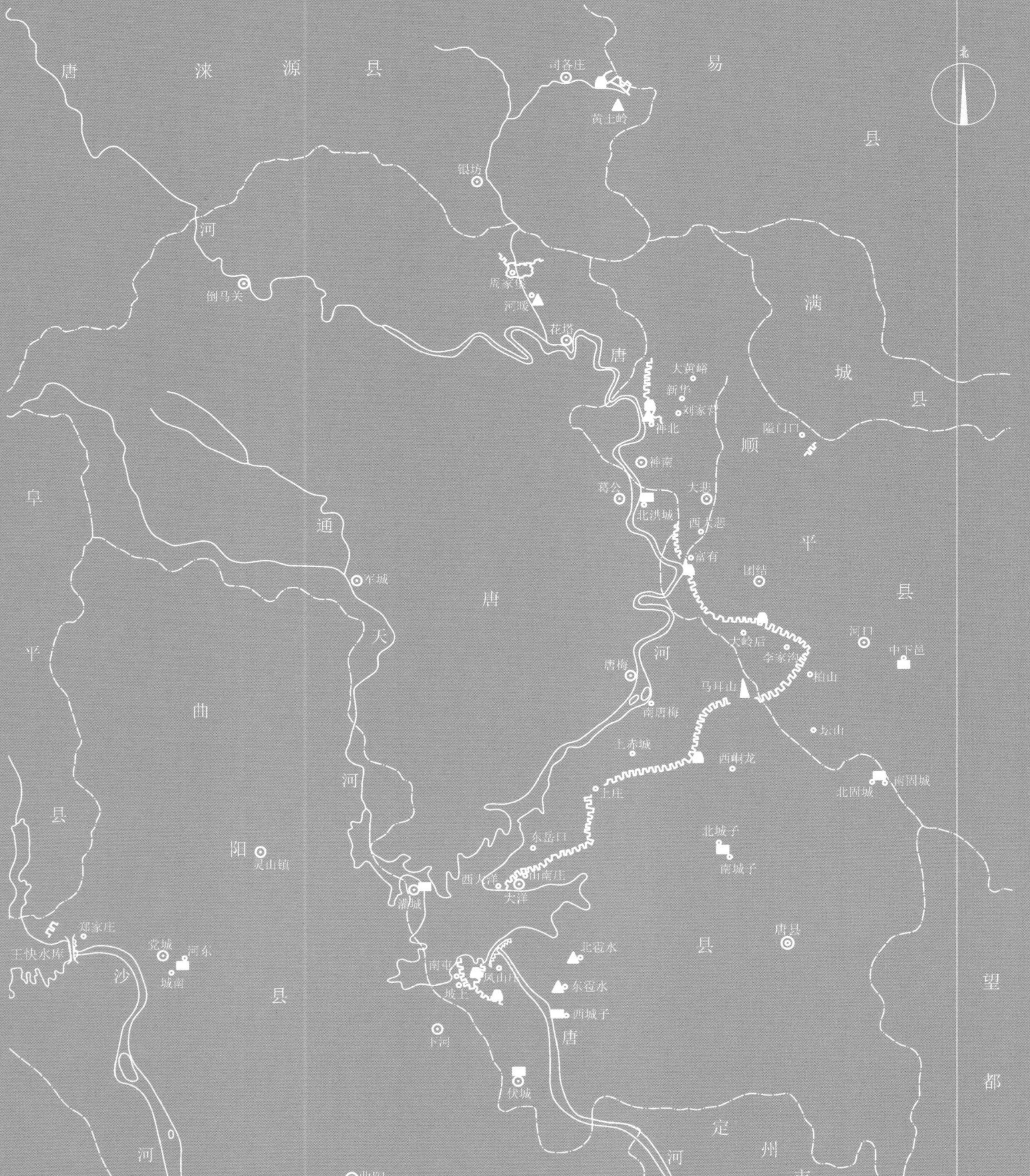

保定境内战国中山长城分布示意图

第一单元

战国中山长城

中山长城概说

中山国是春秋战国时期河北境内七雄之外的另一个诸侯国，位于燕、赵之间，属于“千乘之国”，主要活动区域在今石家庄中、北部和保定南部。春秋时期中山称“鲜虞”，为北方游牧民族白狄别种，春秋早期越过太行山东进，势力逐渐扩展至华北平原。春秋晚期，鲜虞转移至定州、唐县一带，改称“中山”，中山之名始见于《左传·定公四年》。公元前414年，中山武公初立，定都于顾（今定州市，一说晋县）。公元前308年左右，迁都于灵寿（今平山三汲村一带）。战国时，中山是仅次于七国的二等强国，多次与赵国、燕国发生战争，尤其成为赵国的心腹之患，赵惠文王三年（公元前296年），终为赵国所灭。

中山复国后，为了抵御赵国的进攻，曾经修筑了长城。据《史记·赵世家》记载：赵成侯六年（公元前369年），中山筑长城。有关中山国长城遗迹，过去由于缺乏实地调查，一直未能确认，虽曾有寿鹏飞、张维华等学者著文探讨，但缺乏有力的实物依据，多属推测。1988年，考古工作者在唐县的唐河东岸发现了一道石砌长城遗迹，以后数年又陆续在曲阳、顺平、涞源发现了相近的长城遗迹。其特点为：以主干城墙为主体，另在一些险要的关口筑城或筑墙扼守；在城墙内侧修筑较大的城址为屯戍点，或在城墙附近驻兵防守，共同构成一道严密的防御体系。

中山长城由涞源县黄土岭至唐县周家堡、顺平县大黄峪，以山为险，未筑墙。主线墙体起点位于顺平县神南乡大黄峪村西北约 1.5 公里的山峰半山腰，沿唐河东岸大致呈北南走向延伸，经新华村西、神北村东北折而向东，在距神北村 6 公里的大悲乡西大悲村西北的西山岭上，长城墙体复又出现，南行至富有村西、大岭后村北、李家沟村东北转而向南，入柏山村西北至顺平、唐县交界的马耳山北麓，转而入唐县西峒龍村。唐县境内长城大体呈东北—西南走向，翻越葫芦山，过上赤城村东，转西南方向至上庄村北。曲折蜿蜒经万里村北、山南庄北梁、西大洋村东，至西大洋水库北岸，长城复现于水库南岸，在凤山庄南分为两支：一支向东南，止于一座山崖之上；一支向西南又转向北，又为水库所淹没，最终止于唐县灌城。另在顺平隘门口、曲阳郑家庄王快水库北侧的山岭上也发现了支线长城遗存。中山长城保定段总长约 49 公里，墙体石砌或土石混砌，残宽 1—2.5 米，残高 0.4—3 米。沿线发现 4 处城址（涞源县黄土岭城址、唐县周家堡城址、唐县北洪城城址、唐县灌城城址），两处屯戍遗址（顺平县分水山遗址、唐县河暖遗址），6 处烽燧遗址（涞源县黄土岭烽燧、顺平县神北烽燧遗址、顺平县大岭后烽燧遗址、唐县西峒龍烽燧遗址、唐县凤山庄西南烽燧遗址、凤山庄南烽燧遗址）。其中的重要城址有涞源县黄土岭、唐县周家堡、北洪城、灌城、曲阳县党城。

战国中山长城是河北境内最早修筑的长城，其时代仅次于春秋战国时期的楚国和齐国。它的发现与研究，填补了我国长城调查研究的空白。

顺平中山长城新华段（李莹 摄）

顺平中山长城新华段长城走势（李莹 摄）

顺平中山长城新华段烽燧遗址（李莹 摄）
顺平中山长城新华段长城砌筑方式特写（李莹 摄）

顺平中山长城富有段（李莹 摄）

顺平中山长城富有段长城附属建筑外围墙（李莹 摄）
顺平中山长城富有段长城局部（李莹 摄）

顺平中山长城富有段长城走势（李莹 摄）

顺平中山长城大岭后段（李莹 摄）

顺平中山长城大岭后段长城走向（李莹 摄）

顺平中山长城大岭后段石砌墙体（李莹 摄）

顺平中山长城大岭后段保留较完整的墙体（李莹 摄）

顺平中山长城大岭后段残留墙体（李莹 摄）

顺平中山长城大岭后段残留墙体（李莹 摄）

顺平中山长城大岭后段（陈建忠 摄）

顺平中山长城大岭后段（陈建忠 摄）

顺平中山长城大岭后至马耳山段（郭建勇 摄）

唐县中山长城凤山庄段烽燧远景（苑永涛 摄）

唐县中山长城凤山庄段 1 号烽燧南立面（郭建勇 摄）

唐县中山长城凤山庄段（郭建勇 摄）

唐县中山长城上庄至赤城段（郭建勇 摄）

唐县中山长城万里村段（郭建勇 摄）

唐县中山长城万里村段（郭建勇 摄）
唐县中山长城北城子城址北墙（郭建勇 摄）

唐县中山长城万里至大洋段（郭建勇 摄）

涞源中山长城黄土岭段（郭建勇 摄）

曲阳中山长城郑家庄段（高晓静 摄）

曲阳中山长城郑家庄段（高晓静 摄）

战国燕南长城分布示意图

第二单元

战国燕南长城

战国燕南长城概说

燕国为先秦时期姬姓诸侯国，本作“郾”。西周初年周公东征后，封召公奭于燕，周初的都城在今北京房山琉璃河，后迁都于蓟（今北京市），西周、春秋时期，燕的疆域主要包括河北中北部、北京地区和辽宁西部。燕国是周朝在北方最重要的封国，但春秋时期为少数民族戎狄阻绝，与中原华夏诸国交往较少。公元前664年，山戎侵燕，齐桓公出兵相救。战国时期，燕国的实力逐渐增强，但在七国之中仍属弱国。燕与齐、赵、中山相邻，多次与它们发生战争。公元前316年，齐乘燕国内部“子之之乱”，出兵伐燕，燕王哙和子之死难。其后燕昭王即位，立志报仇雪耻，励精图治，招贤纳士，燕国进入最强盛期。名将乐毅南伐强齐，秦开北破东胡，燕国开始向东北开拓。在此前后，燕国开始了南北两道长城的修筑。

燕南长城位于河北省保定市境内的易县、徐水，雄安新区（原容城、安新、雄县三县），廊坊市的文安、大城县，总长约259公里。

环境考古研究表明，白洋淀及廊坊境内的东淀、文安洼，属古冀中凹陷洼地，是古白洋淀湖区的一部分，在距今10 000年至2500年左右，古湖区曾扩及太行山前，形成西临高山、东临湖区的狭长地带，即现在的山前二级台地和阶地，成为天然的关隘。之后，气候变干凉，湖水东撤，但有些地方还存留湿地和淀泊，成为天然的障碍。燕国为了保证南部边界和燕下都的安全，依此天然屏障并顺徐水、容城、安新一带高岗地修筑长城就成为必然的选择。

长城首起于易县西南30公里的太和庄西科罗头山北侧名为“狼窝尖”的峰顶，呈“之”字形沿山脊蜿蜒而下，经太和庄村南东去，基本呈东西走向。至仁义庄村北过一座名为“官帽山”的小山后，呈西北—东南走向经小王庄、王家庄村南，东柳泉村北转村东奔塘湖村中而过。长城穿塘湖村变为东西走向，直奔沈村东北，经北邓家林村北向东南穿过南易水河，在西城阳村北呈南北走向，经西城阳、东城阳村东至尉都村西又呈西北—东南走向，经尉都村南至孝村村西，由村南通过，转折向村东北至黄金庄村南，向东由曲城村北又向南从曲城新村西侧通过，最后由曲城新村南呈西北—东南走向进入徐水境内。易县境内长城长约9公里。

徐水境内长城遗址由易县曲城新村进入，沿瀑河（南易水河徐水段）东岸向东南方向延伸，在太和庄西侧进入瀑河水库，在水库东侧先向西南再向东南方向曲折而行，在水库南大坝东南又沿瀑河东岸延伸，大体呈西北—东南走向，经解村西、王坎庄村西、大马各庄村西后，呈南北走向，过广门村西、戊己台村西，在戊己台村西南略向东南方向延伸，经大庞村北至张华村西北，长城跨越瀑河，转为沿瀑河南岸前行，方向基本为东西。经遂城北、遂城东关大石桥、谢坊村北、王马村北、南张丰村北、前所营村北跨越京广铁路进入徐水县城。瀑河在县城分成南北两支，长城沿北瀑河南岸延伸，经北上关村北、大寺各庄村北、南梨园村北向东南延伸至商庄村南后，长城不再沿北瀑河南岸而行。自林水村北开始，长城被叠压于徐水至安新公路之下，向东偏南方向延伸。经崔庄村南、商平庄村北、南邵庄村南进入容城县黑龙口。徐水境内长城总长约 39 公里。

调查发现容城境内长城遗址有两段。黑龙口段长城西自徐水顺徐水—安新公路而来，村西墙体被叠压于公路之下，村北墙体也已不存，唯今地势较高。村东墙体较为明显，跨越萍河（瀑河下游）后向东延伸进入安新县境内，此段长城长约 3 公里。另一段长城位于留通村南白洋淀内的蛤横岛上，与安新相邻，呈西北—东南走向，经安新、容城、雄县交界进入雄县，此段长城长约 4 公里。容城境内长城总长约 7 公里。

安新境内长城遗址西由容城黑龙口入境，东西向至山西村南后，与白洋淀北堤相接，沿淀边又向东南经申明亭村南、涞城村南，穿越崔公堤村，至留村南后，转东西走向，经安新县城南到大张庄村南，转为南北走向，经南六、北六村东顺淀边又折向南河村东，转东西向经大阳村南入容城境内白洋淀中。安新境内长城总长约 28 公里。

雄县境内长城遗址由安新、容城、雄县交界进入后，向东南经古庄头村北又接白洋淀北堤，东南延伸至马蹄湾村北，改东西方向至南十里铺村南与安新赵北口村交界处，向东北奔王家房村北后直抵大清河西岸。长城过大清河后由龙湾村南顺大清河北堤向东南延伸，在高家铺村西为东西方向，经王家场村南又略向东北至张青口村南，在村东跨越大清河进入廊坊市文安县境内。雄县境内长城总长约36公里。

燕南长城是利用堤防连接山脉而建成的，易县起点狼窝尖山段为石砌或土石混砌，两侧用略经打制的石块垒砌，中填黄土和碎石。易县、徐水段夯土墙体保存最好，高耸于南易水河北岸、东岸。自徐水县城以东，大部分长城墙体为公路路基，从暴露地点看，形制、结构与西段长城相同。长城进入安新直至从雄县进入廊坊境内，长城墙体被利用为白洋淀和大清河北堤，墙体及基础为现代堤防所覆盖，形制、结构及墙体规格、尺寸不得而知。保定境内燕南长城沿线发现城址3座：易县尉都村西南约1公里的“吴城子”、徐水区解村古城址、徐水区遂城古城址。从燕南长城的走向、形制结构、与河流淀泊的关系分析，它经历了堤防—长城—堤防（防水—军事，防御—防水）的演变过程，具备防水和防御的双重功能。

易县燕南长城起点狼窝尖山段（李连柱 摄）

易县燕南长城西柳泉村段南侧墙体全景（李莹 摄）

易县燕南长城西柳泉村段局部（李莹 摄）

易县燕南长城西柳泉村段墙体（李莹 摄）

易县燕南长城东城阳村段（李连柱 摄）

徐水燕南长城太和庄段（李莹 摄）

徐水燕南长城屯里村东段墙体（郭建勇 摄）

徐水燕南长城曲城段墙体（郭建勇 摄）

徐水燕南长城德山一街段（商鸿果 摄）

徐水燕南长城城西段（商鸿果 摄）

徐水燕南长城大马各庄段（商鸿果 摄）

徐水燕南长城大马各庄段（郭建勇 摄）

徐水燕南长城解村南段（郭建勇 摄）
徐水燕南长城解村北段（郭建勇 摄）

徐水燕南长城广门村西南段（郭建勇 摄）
徐水燕南长城广门村西南段（郭建勇 摄）

徐水燕南长城遂城段（郭建勇 摄）

徐水燕南长城遂城段东墙（郭建勇 摄）

徐水燕南长城遂城段（郭建勇 摄）

保定境内明代长城分布示意图

第三单元

明长城

明长城概说

巍峨雄伟的明长城在保定境内绵延约153公里，至今仍保存着一大批具有代表性的雄关要塞。明王朝为了加强京师的防御能力，于万里长城的主线之内，即京师西北部、西南部（今北京、保定和山西境内）修筑了一条与之相连的内长城，构成守卫京城西南的最后一道防线。紫荆关、倒马关与居庸关并称“内三关”，是内长城线上最主要的关城。保定明长城史称“内长城”，明朝时叫作“次边”，当时属于真保镇管辖，总兵驻保定，管辖的长城全长390公里，自北京市门头沟区沿河口开始，最南边止于太行山区的河北省沙河市、武安市交界的数道岩口。设镇守总兵官1人，分守参将4人，游击将军6人，守备7人。

长城由张家口市涿鹿县马水口南入涞水县，大部分地段以山为险未筑墙。长城向西南入涞源县，沿东北向西南走向横跨涞源县全境，入山西省灵丘县，由灵丘县再入阜平县（明朝属真定府，今属保定），南转西抵吴王口。由此分为两支：一支向西北又入灵丘县；一支向西南沿河北、山西两省交界南行，进入灵寿县、平山县、井陉县。保定明长城一是有边墙的，沿涞源县东北而走；一是无边墙而以数所关口、楼台相连的，自涞源县西南端至阜平县境内，均为石砌。真保镇长城除涞源等部分地段墙体保存较好外，许多地段是山险墙，墙体亦砌筑简单，保存情况较差。长城墙体总长约153公里，关城19座、敌台309座、烽火台100座，著名关隘有紫荆关、倒马关和龙泉关。保定明长城的建筑体系，依次为墙体，附属设施（敌台、马面、障墙、暗门、马道、排水孔等），关城，堡城，烽火台，以及其他与长城防御有关的设施（挡马墙、壕堑、品字窖、砖瓦窑、采石场、居住址、碑刻题记等）。在长城修筑材料的选择上，“就地取材”；在地形的选择上，“因地制宜”。古人概括为“因边山险，因河为固”，“因地形，用制险塞”，充分保证了长城的防御效果。附属于长城墙体的空心敌台、马面的设置，将长城的防御功能发挥到了顶峰，是长城墙体防御功能科学性、合理性的完美结合。

关堡包括关城和堡城，是守防和屯兵的中心。关城是出入长城的通道。大者称城，小者称口。堡城即屯兵城，按等级分为镇城、路城、卫城、所城和堡城，按照距离长城的远近又可分为前线军堡、后方屯军堡、游击堡。

烽火台作为传递军情的设施，称“烽燧”“烽堠”，明代又称作“烟墩”“墩台”，多建于长城内外的高山顶、易于瞭望的岗阜或道路折转处。“昼则举烽，夜则举火。”“烽主昼，燧主夜。”明成化二年规定：“令边堠举放烽炮，若见敌一二十人至百余人举放一烽一炮，五百人二烽二炮，千人以上三烽三炮，五千以上四烽四炮，万人以上五烽五炮。”烽火台的设置方式有 4 种：一是紧靠长城两侧，称“沿边烽火台”，作为报警系统的一部分；二是向长城以外延伸的，称“腹外接火台”；三是向内侧关城、堡城伸展联系的，称“腹里接火台”；四是沿交通线排列的，称“夹道烽火台”或“路墩”。

涞水蔡树庵长城位于涞水县九龙镇蔡树庵村西北，长约两公里，蜿蜒于丛山峻岭之脊，是涞水境内明长城保存最为完好的一段。

涞水蔡树庵长城墙体（郭建勇 摄）

涞水大龙门城堡位于九龙镇大龙门村北，城堡南面以山为重要屏障，东、西、北三面紧靠拒马河支流小西河，是涞水通向涿鹿的军事要冲。明清两代，该城堡均设钦依大龙门守口把总驻守。

涞水大龙门城堡（刘立娟 摄）

涞水大龙门城堡石刻（郭建勇 摄）

涞水金水口城堡位于涞水县其中口乡金水口村内，城墙长约 744 米，占地面积约 3.7 万平方米，是明长城的重要组成部分，现存城门 2 座（南城门和东城门），马面 5 座，城墙 11 段。

涞水金水口城门（郭建勇 摄）

涞水岭南台长城位于涞水县九龙镇岭南台村，现仅存一段较短石砌墙体。

涞水岭南台长城墙体（刘立娟 摄）

易县紫荆关长城在易县境内，长约20公里，关城面积约3平方公里，分为关城、东线城墙、西线城墙和沿长城一线建的4个小城堡四部分。关城内现有城墙1.2万米左右，仍保留3座城门，3座水门，两座敌楼。以城内真武山为中心，城墙依山起伏，向四外延伸，形成4个不规则的城圈，大城套小城。紫荆关有“畿南第一雄关”之称，和居庸关、倒马关合称“内三关”。《畿辅通志》称其“控扼西山之险，为燕京上游路，通宣府、大同。山谷崎岖，易于戍守”，难以攻破，军事地位十分独特，是进入太行山的重要关隘之一，历史上多次发生著名战争。

易县紫荆关关城（李连柱 摄）

易县紫荆关关城东墙（郭建勇 摄）

易县紫荆关关城东门及门额“河山带砺”（郭建勇 摄）

易县紫荆关关城北墙（郭建勇 摄）

易县紫荆关关城南门（郭建勇 摄）

易县紫荆关关城南门门额“紫塞金城”（郭建勇 摄）

易县紫荆关长城城墙（付伯勋 摄）

易县小盘石城位于易县小盘石村内，大部分城墙坍塌严重。现存墙体长约 750 米，石墙和山险相结合。

易县小盘石城堡东门（郭建勇 摄）

涞源明长城南连倒马，东接紫荆，当两关之肩背，通二省之血脉，扼晋冀之咽喉，树燕赵之屏翰，自古为兵家必争之地，战略位置尤为重要。据史料记载，涞源长城修建于明万历元年至十三年（1573—1585 年），属真保镇管辖，是为防止北方游牧民族南下东出而修建的军事防御工事，历经 400 多年仍然大部分保存完整。涞源明长城总长 122.437 公里，现存敌台 270 座，战台 10 座，烽火台 53 座，马面 38 座。

涞源长城（田进才 摄）

涞源长城（曹少伟 摄）

涞源乌龙沟长城修建于明万历元年至二年（1573—1574 年），自大庄苦壮石山开始，至后庄子村东的骆驼峰顶 5500 米的范围内，因地形险要，多以山为险取代边墙，只在地形较缓的山脊和低洼的山口部位筑有边墙，山口两端设战台，山顶设烽火台。自骆驼峰起向西南边墙开始加宽加高，而且白灰勾缝，直到柱角石南的银翁峡谷，共设 18 座敌台。

自银瓮峡谷西岸至烟煤洞的寨子清，敌台修筑得十分密集，其中 45—46 号台间距仅为 41 米，而且此段敌台大部分保存完好，登台顶部的两个登道均保存。长城墙体沿寨子清梁到达唐子沟峡谷后，敌台的间距一般为 150—200 米，到达隋家庄与“浮”字长城相接时的 66—71 号台的水口处，敌台又开始加密，间距一般为 100 米之内。唐子沟至隋家庄段共有敌台 19 座。

涞源乌龙沟长城（翟文涛 摄）

涞源乌龙沟长城（韩贺清 摄）

涞源乌龙沟长城（韩贺清 摄）

涞源乌龙沟长城登城台阶（韩贺清 摄）

涞源乌龙沟长城长城（徐京 摄）

涞源乌龙沟长城（王清云 摄）

涞源乌龙沟长城敌台（王清云 摄）

涞源乌龙沟长城敌台（韩贺清 摄）

涞源乌龙沟长城（韩贺清 摄）

涞源乌龙沟城堡南北长约200米，东西宽约150米，呈不规则长方形。城南面靠山，其他三面环乌龙河。城在南面和西面开门，并设有瓮城，城门及城墙均用条石和砖砌筑，十分坚固。南城门瓮城城门上有匾额，上书“翊荆门”，西城门瓮城城门上亦有匾额，上书“镇朔门”。

涞源乌龙沟城堡外景（苑永涛 摄）

涞源乌龙沟城堡西瓮城（付伯勋 摄）

涞源乌龙沟长城（黄北群 摄）

涞源乌龙沟长城乌字1号台（付伯勋 摄）

涞源乌龙沟长城（刘长虹 摄）

涞源乌龙沟长城柱角石村段敌台（刘长虹 摄）

涞源乌龙沟长城（翟文涛 摄）

涞源乌龙沟长城（谭英 摄）

涞源烟煤洞长城（赵晋民 摄）

涞源烟煤洞长城（陈利国 摄）

涞源烟煤洞长城（张贺义 摄）

涞源烟煤洞长城（张贺义 摄）

涞源烟煤洞长城敌台内部券室（田德 摄）

涞源烟煤洞长城敌台内回廊

（田德 摄）

涞源烟煤洞长城（李桂芝 摄）

涞源烟煤洞长城（李桂芝 摄）

涞源烟煤洞长城（叶江平 摄）

涞源烟煤洞长城（李潭清 摄）

涞源烟煤洞长城寨子青段（商仕佳 摄）

涞源烟煤洞长城寨子青段（曹少伟 摄）

涞源烟煤洞村长城敌台和马面（叶江平 摄）

涞源烟煤洞长城（叶江平 摄）

涞源浮图峪长城修建于明万历二年至三年（1574—1575 年），全长约 15 公里，目前保留敌台 53 座，关城 1 座，烽火台 15 座，马面 6 座。起点自隋家庄村东 500 米的水口南岸开始沿山脊至北楼台、南楼台、天桥村西南山顶的 33 号敌台，边墙和敌台大部分保存完好，采用毛石和料石混合砌筑，部分地段仍可见白灰勾缝。敌台从“浮”字 7 号台开始为一门三窗，侧为四箭窗。此段长城是浮图峪长城保存最为完好的地段，现存 23 座敌楼保存完好，9 座敌楼残毁或全毁。自 34 号敌台开始一直到孤山顶浮图峪长城的终点位置，墙体和敌台损毁较为严重。

涞源浮图峪长城墙体和敌台

（王炳富 摄）

涞源浮图峪长城（郭鹏博 摄）

涞源浮图峪长城墙体和敌台（郭建勇 摄）

涞源浮图峪长城南楼台段（闫晓强 摄）

涞源浮图峪长城南楼台段（王清云 摄）

涞源浮图峪长城南楼台段（刘长虹 摄）

涞源浮图峪长城南楼台段（刘长虹 摄）

涞源浮图峪长城南楼台段（付伯勋 摄）

涞源浮图峪长城（张春刚 摄）

涞源宁静安长城修建于明万历二年至三年（1574—1575年），全长约15公里，敌台30座，战台10座，烽火台4座，马面13座。因地形关系，敌台间距一般几百米，但城墙修筑得十分高大，一般宽3—3.5米，高4—5.5米。城墙的方形战台和马面，同样可以起到防御的作用。城墙沿南北向从宁静安城堡的西城墙穿过后一直向西南穿越亚家庄梁、大湾梁、营尔岭，地势险要，城墙呈断续分布，山顶设烽火台。此段墙体的敌台分布极不均匀，大湾梁的东北至孤山子的万米之内共设敌台17座，而营尔岭上2000米范围内设敌台12座。

涞源宁静安长城（郭建勇 摄）

涞源宁静安城堡遗迹（郭建勇 摄）

涞源宁静安长城孟良城遗址（李桂芝 摄）

涞源白石口长城修建于明万历三年至万历四年（1575—1576 年），全长约 20 公里，设敌台 60 座，关城两座（湖海关城、白石口关城）。自营乐岭起点开始连续筑有 7 座敌台，穿过 1000 米的山险到达湖海岭的东岭，长城从东岭分成两路：一路沿山顶湖海岭向西达香沟，这一路城墙用毛石砌成，山顶上设战台和烽火台，而另一路则为主城墙，沿小山脊西北转西南方向围成一个大半圆形，直达香沟沟长 27 号敌台，这样两路城墙组成了一个直径达 2000 多米的大城堡，这一路共设敌台 20 座，绝大多数已残，只有 8 座敌台较好。

两路长城交汇后，沿山险断续直达白石口城堡的北城门，此段城墙仅存遗址，再从北城门沿小山脊向西南 270 米之后的墙体相对较好。白字 61 号台位于白石山林场的东山顶，残损严重，敌台门口对面花岗岩上刻着“天山”二字，此为白石口长城的终点。

涞源白石口长城湖海岭段墙体（陈利国 摄）

涞源白石口长城（赵伟 摄）

涞源白石口长城敌台和墙体（郭建勇 摄）

涞源白石口长城敌台和墙体（付伯勋 摄）

涞源白石口长城城堡南门内石板路面（蔡永 摄）

涞源白石口长城城堡南门门额“云谷重关”（蔡永 摄）

涞源白石口长城石砌墙体和马面（蔡永 摄）

涞源白石口长城石窝段山险墙（叶江平 摄）

涞源白石口长城石窝段（叶江平 摄）

涞源白石口长城石窝段（郑贺 摄）

涞源插箭岭长城修建于明万历三年至万历四年（1575—1576年），自白石山林场山顶“天山”石起步，沿山脊转向西穿过白石山南售票口直达插箭岭城堡，从城堡南分成两路，一路主干长城直达北城门，另一路向西转向北和主长城在大西梁下山半山腰合围，组成一座近似长方形的城堡，南北长500米，东西宽300米。此段长城有19座敌台。插箭岭长城从北城门向西穿越大西梁呈260°—280°走向达石城安的东山顶，保存极差，全部被拆，敌台和城墙均已成为遗址。在石城安村东的大山顶和村边山顶现存有4座好的敌台。石城至西山顶，保存有完好的“插字34号台”，大草场村东南的山顶为“插字35号台”，穿越兰荆背山，至北大沟出现两座敌台，再向西至独山城城堡的北部山腰，长城墙体已毁，独山城城门保存基本完好。长城从这里跨过唐河，沿西岸有敌台5座，自46号敌台沿西南至狼牙山山顶大都以山制险，很少筑墙。插箭岭长城从东侧天山始至狼牙口，设关堡两座，敌台53座，其中涞源48座，山西境内5座，烽火台6座，马面11座。插箭岭长城是涞源长城最重要的地段之一，也是保护倒马关的重要关口。

涞源插箭岭长城墙体和敌台（刘增银 摄）

涞源插箭岭长城墙体和敌台（郭建勇 摄）

涞源长城独山城段（叶江平 摄）

涞源狼牙口长城是涞源长城中修筑最晚的一段，战略地位重要，明王朝为加强狼牙险道的防御，于万历十三年（1585年）开始修筑。起点位于狼牙口隘口北300米的狼牙山顶，终止于狼牙口香炉石村北500米的“茨”字3号敌台的山谷，之后向西南沿山势入阜平，再向西入山西省境内，全长6300米。

涞源狼牙口长城隘口（郭建勇 摄）

唐县倒马关明长城位于太行山东麓，北依涞源插箭岭内长城，背靠唐河，东南为险要的十八盘岭（今贤表、水峪口一带）。由于位置险要，自古以来，倒马关就为战略要冲，在历史上具有极高的军事价值。倒马关长城由上城和下城两部分组成。上城在大石峪村东北部，整座关城依地势而建，一半在沟谷，一半在山上。明景泰三年（1452 年）新倒马关城落成以后，原关城逐渐废弃，但仍分兵驻守。下城即新倒马关城，在现倒马关村，为景泰三年所建。关城平面形状基本为圆角方型，城池依地势而建，北半部在河谷高地，南半部在一座平缓的环状山梁之上，唐河便从城西、北、东三面流过。城墙周长 25 公里，墙高 10 米，底宽 6 米，顶宽 4 米。城墙内为夯筑的三合土，除东城墙内外皆垒砌蛮石外，其他三面城墙皆外包砖、内侧全砌蛮石。关城三面设门，东曰“居仁”，西曰“由义”，北曰“宣威”。东、西二门外原有瓮城，东瓮城有南、北门，西瓮城有南门。关城墙体有骑墙墩台 7 座，北侧、东侧隔河而望的山峰顶部有石砌烽火 5 座。

唐县倒马关关城（郭建勇 摄）

唐县倒马关长城东门及瓮城（郭建勇 摄）

唐县倒马关长城石砌马面（郭建勇 摄）

唐县倒马关长城墙体（郭建勇 摄）

唐县倒马关西水门（郭建勇 摄）

唐县倒马关“建倒马关城记”碑刻（郭建勇 摄）

阜平龙泉关关城即明正统二年（1437 年）所建的龙泉下关，位于阜平县城西 35 公里山口处，是河北通往山西的重要关口。关城分内外两道，现均已塌毁，仅存一关门。关城南北两侧与山顶相连的城墙亦已毁坏，原南北山顶各筑一座烽火台与城墙相连接。

阜平龙泉关关城瓮城城门（郭建勇 摄）

阜平铜绿崖 1 号敌台（郭建勇 摄）

1
2 3

1 阜平吴王口 1 号敌台“茨”字 16 号台（郭建勇 摄）

2 阜平吴王口 1 号敌台“茨”字 16 号台台匾（郭建勇 摄）

3 阜平吴王口 1 号敌台“茨”字 16 号台石刻“小蓬莱”（郭建勇 摄）

阜平吴王口敌台刻字“明崇祯甲戌奴酋内犯寇茨沟，我兵奋勇歼奴殆尽，奴拼死夺竹帛口而出。诚哉，我岗我陵我泉我池矣。仲秋九日井陉兵备道阙里孔闻诗识。吴王口管总杨天爱造。”

阜平吴王口 1 号敌台“茨”字 16 号台石刻文字（郭建勇 摄）

皋平吴王口 2 号敌台“茨”字 17 号台（郭建勇 摄）

皋平吴王口 2 号敌台“茨”字 17 号台台匾（郭建勇 摄）

阜平长城岭在龙泉关西约 10 公里的阜平县与山西五台山交界处，景泰二年（1451 年）设置，即龙泉上关。城墙为毛石砌筑，南北走向，关口居其中，墙两端各有一砖砌敌台。关口北侧城墙保存完整，南段已坍塌。

阜平长城岭口（蔡永 摄）

阜平长城岭口插旗石（蔡永 摄）

附录 长城摩崖石刻、碑刻拓片

涞水大龙门摩崖石刻位于大龙门城堡西北 500 米处的龙门峡，峡谷中溪水川流不息，是出关的咽喉要路，为兵家必争之地。明代守军将领镌刻诗书于崖壁，形成一道历史文化长廊。龙门峡摩崖峭壁上刻有 20 多处明代名人的题诗题词，最为醒目的是明万历己酉年（1585 年）右佥都御使巡抚进士贾三近题写的“万仞天关”4 个大字，字高 2.7 米，宽 1.8 米。

涞水大龙门长城刻石“万仞天关”（刘立娟 摄）

涞水大龙门长城石刻“天成形胜”（李莹 摄）

涞水大龙门长城石刻“峭壁千重”（李莹 摄）

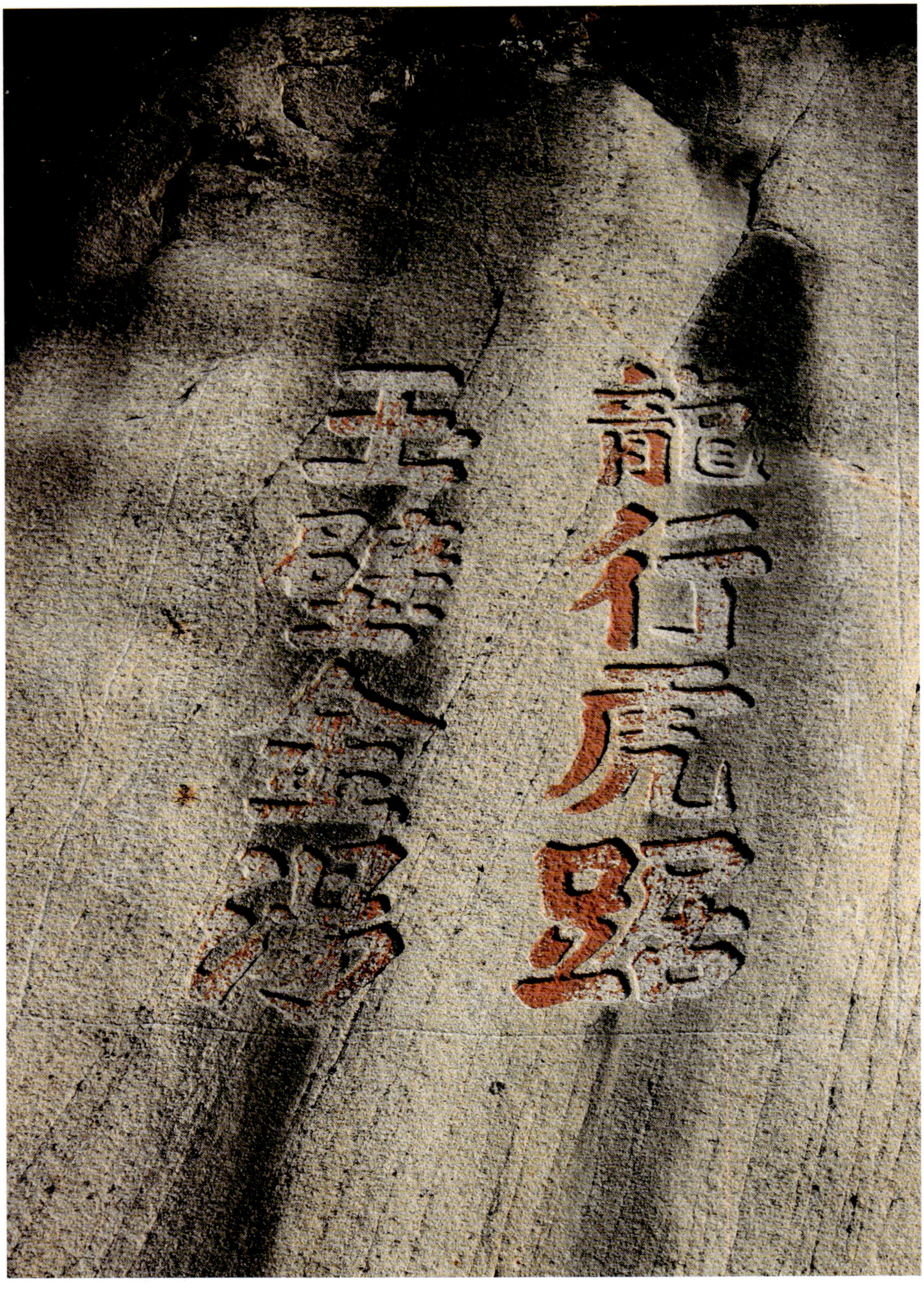

涞水大龙门长城石刻“龙行虎踞　玉壁金汤”（刘立娟 摄）

涞水大龙门长城石刻“峰环万叠　险胜重围”（李莹 摄）

帶礪
聊城傅光宅書

易县紫荆关关城东门门额“河山带砺”拓片（保定市博物馆馆藏）

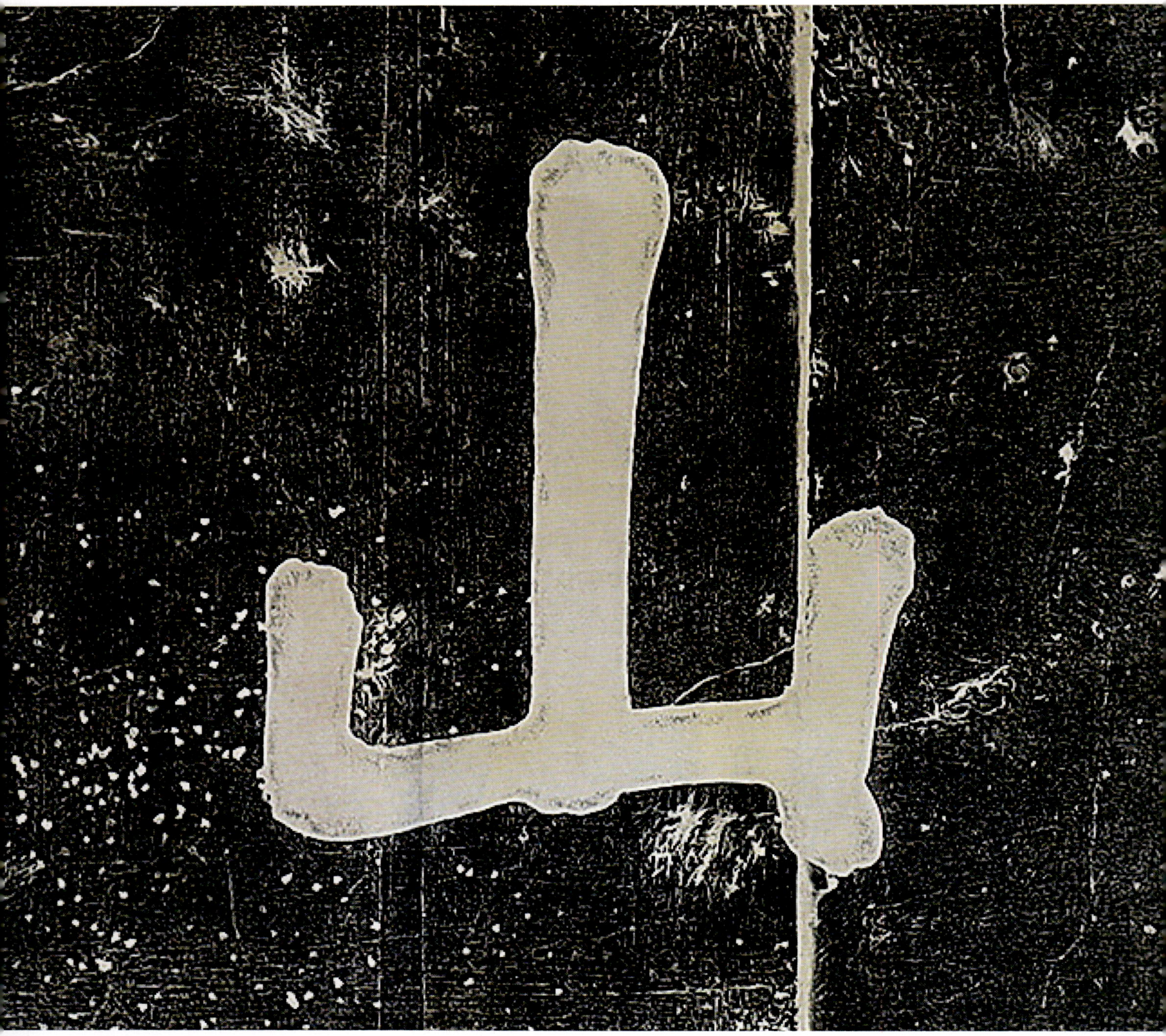
山

河

礪

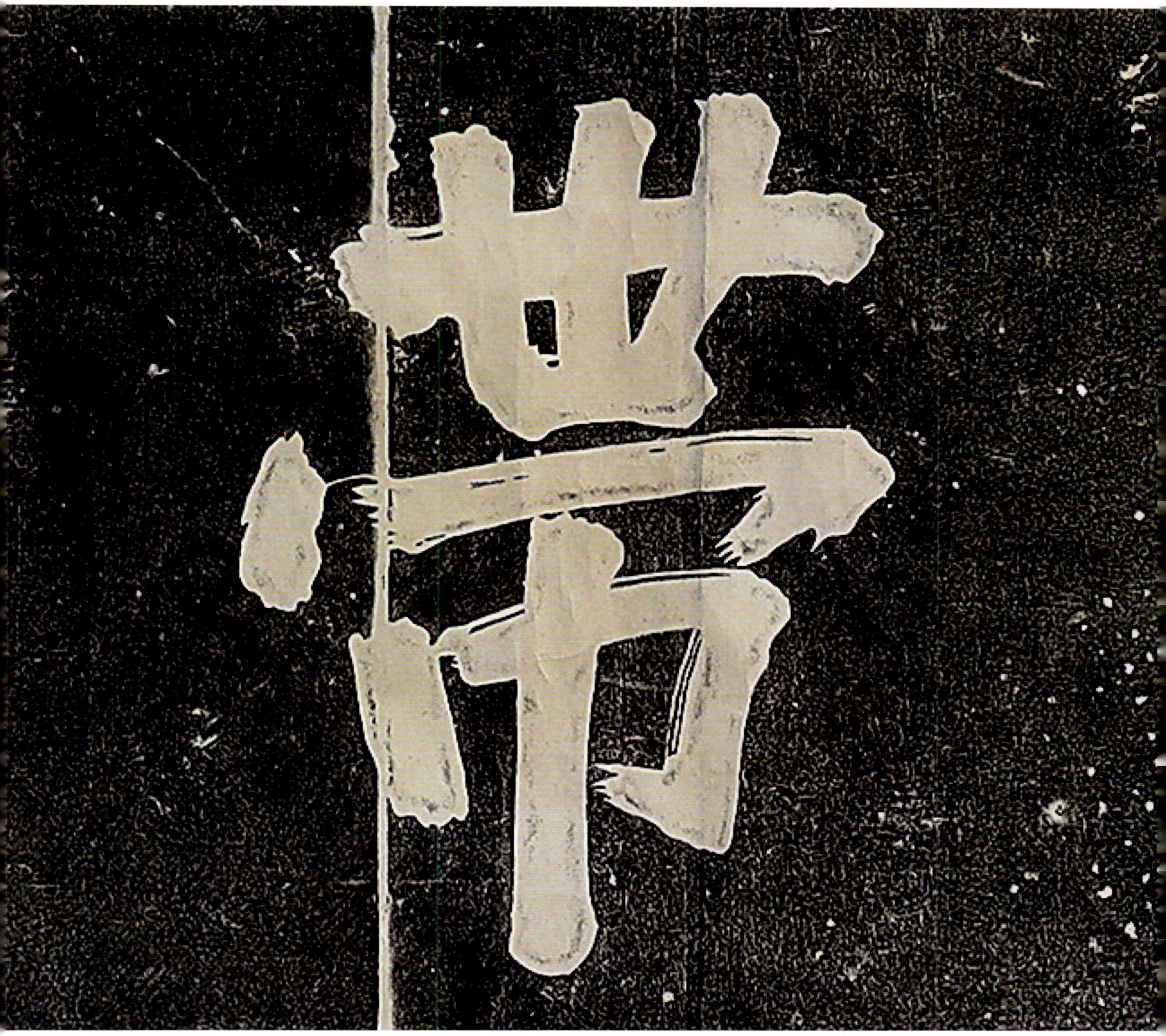
帶

金城
欽差分守紫荊關等處地方叅将韓光
萬曆十七年歲次己丑孟秋吉旦立

易县紫荆关关城南门门额“紫塞金城”拓片（保定市博物馆馆藏）

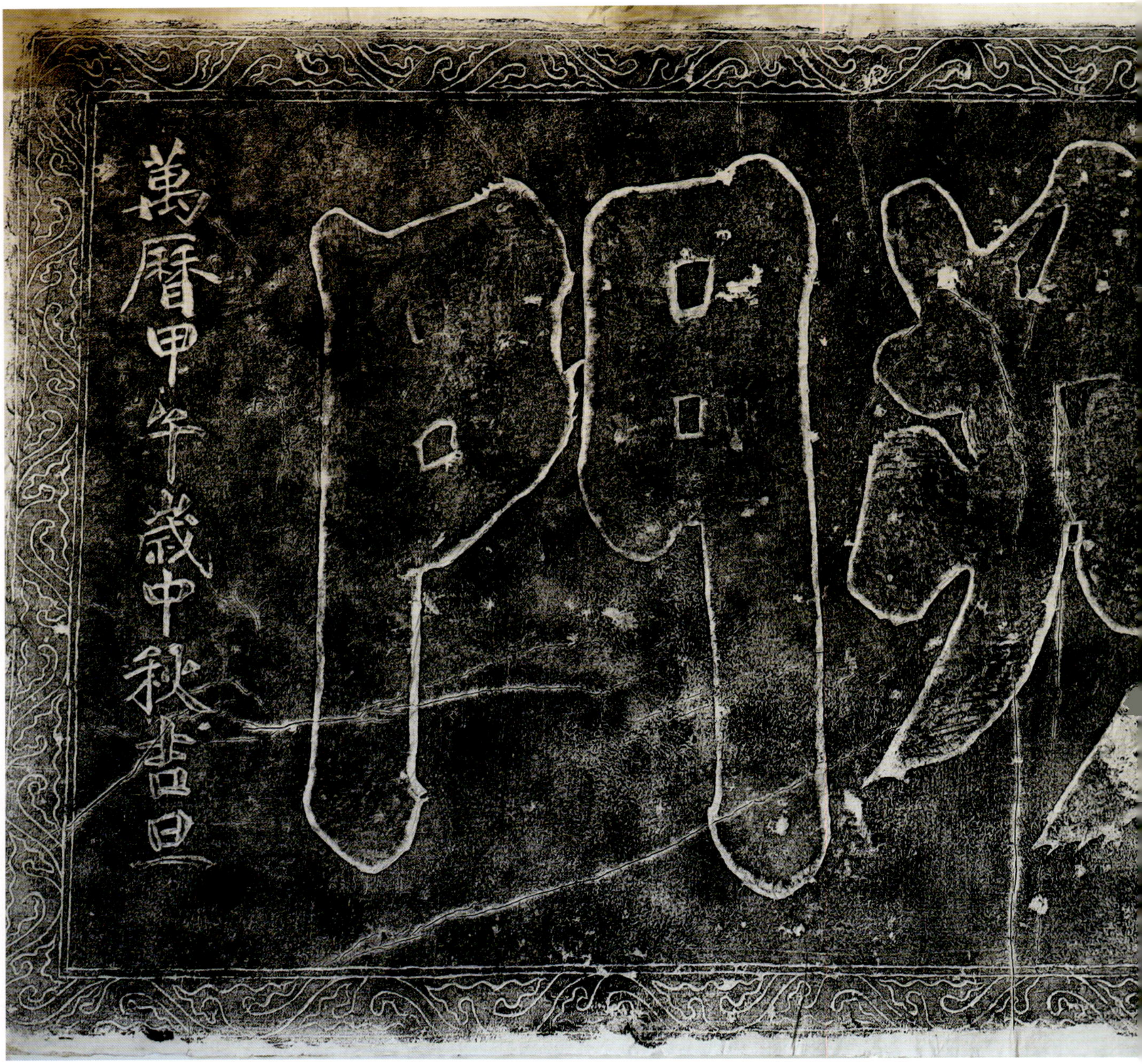
門
萬曆甲午歲中秋吉旦

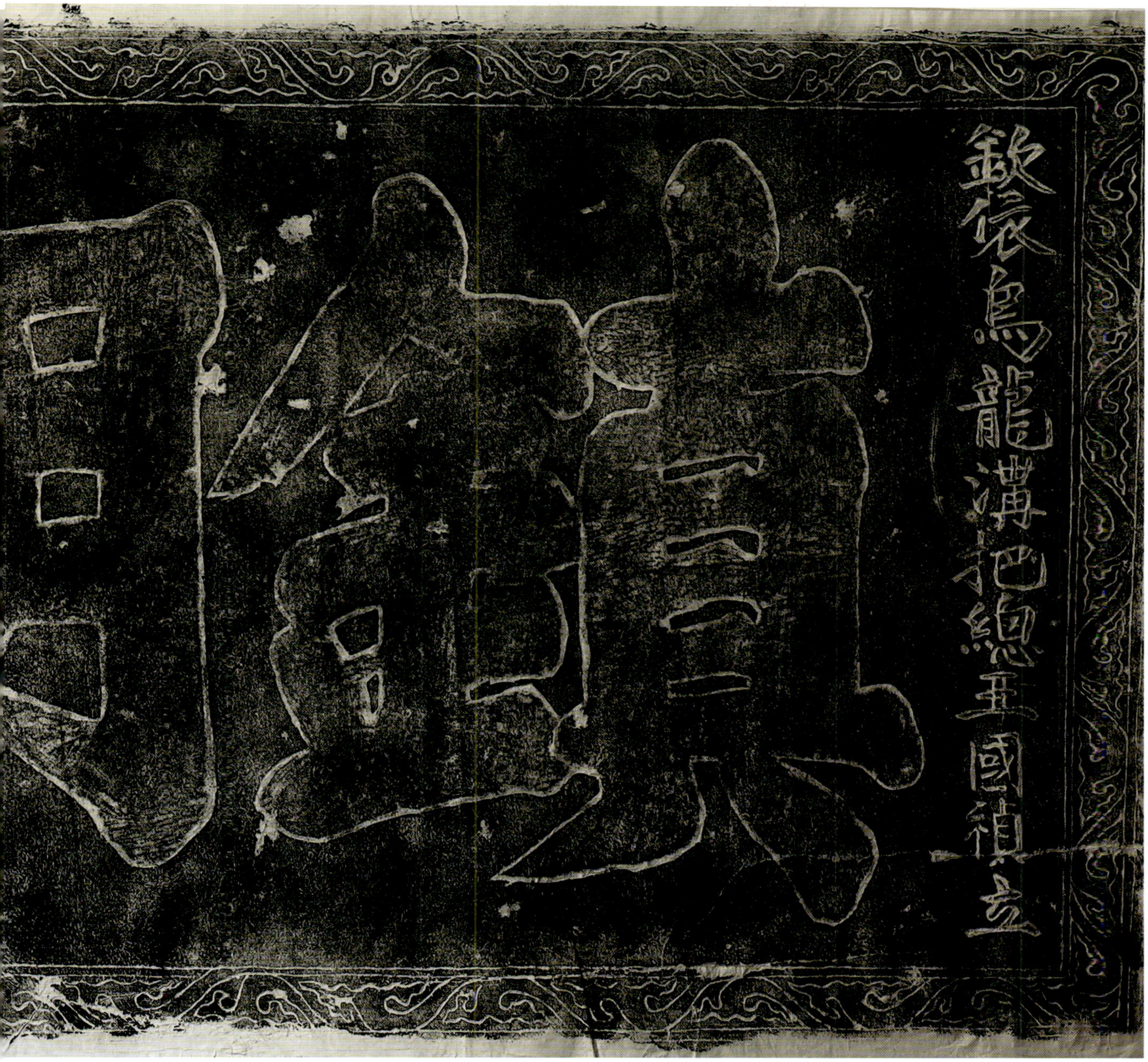

涞源乌龙沟城堡西瓮城门额“镇朔门”拓片（保定市博物馆馆藏）

井陘等處兵備山西提刑
按察司副使豐城游季勳
分守倒馬關地方參將都
指揮僉事大梁劉世恩真
定府管倒馬龍固關通判
單縣侯服得倒馬關中軍
原任守備神武衛指揮僉
事李應節管工官左千戶
定州衛正千戶胡[illegible][illegible]
把總武舉官曹雲鵬同[illegible]

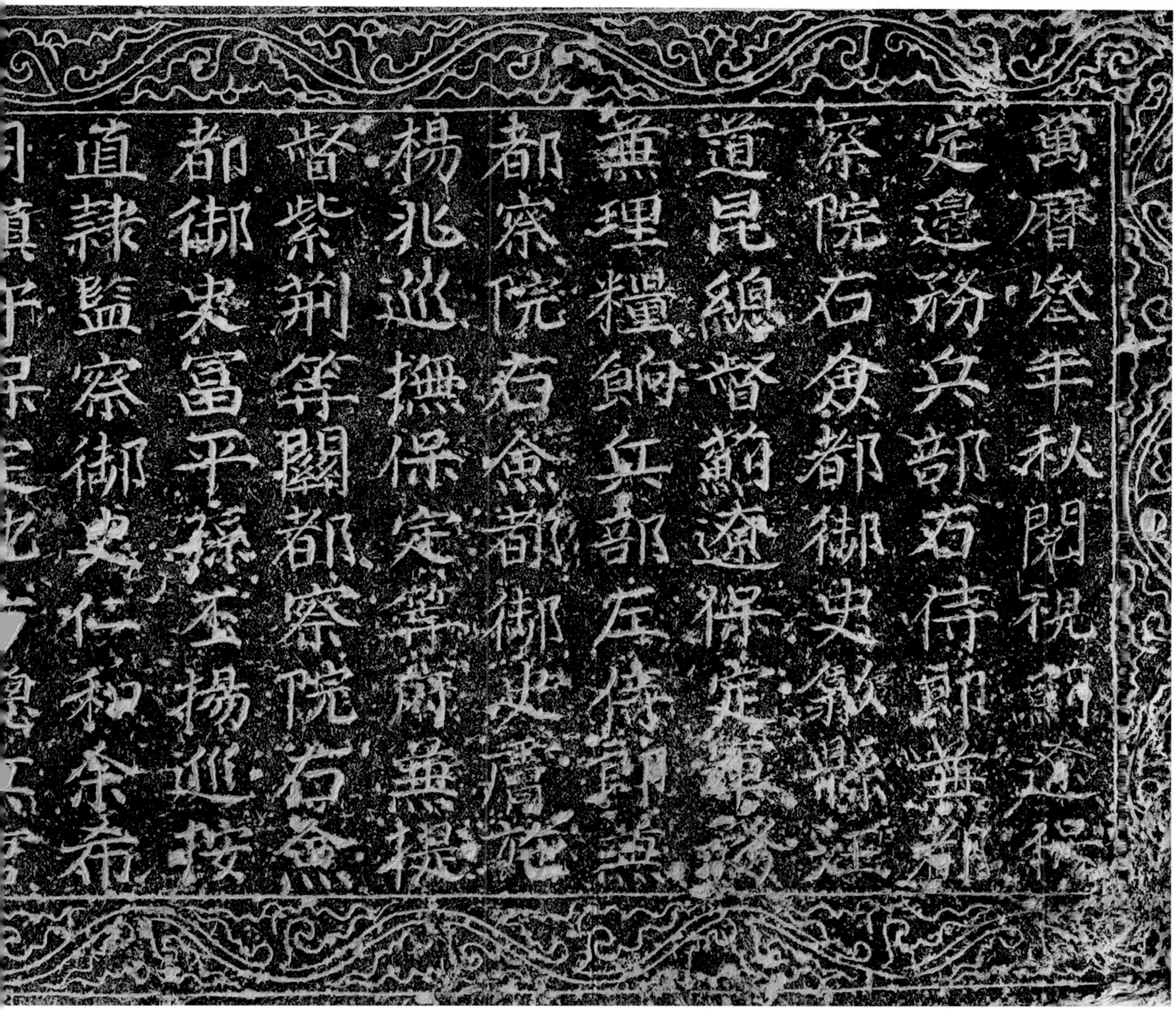

万历三年秋阅视碑拓片（保定市博物馆馆藏）

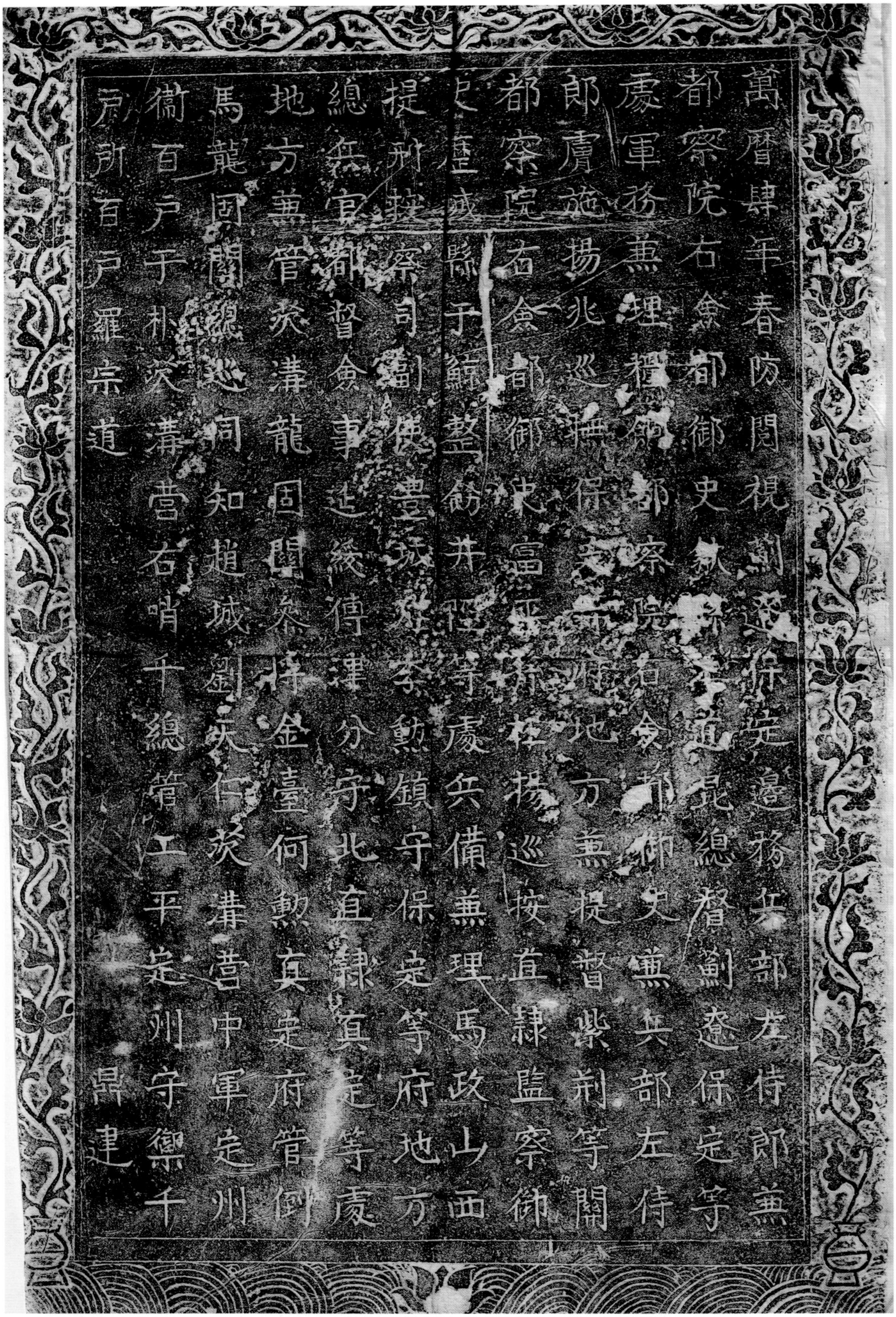

万历四年春阅视碑拓片（保定市博物馆馆藏）

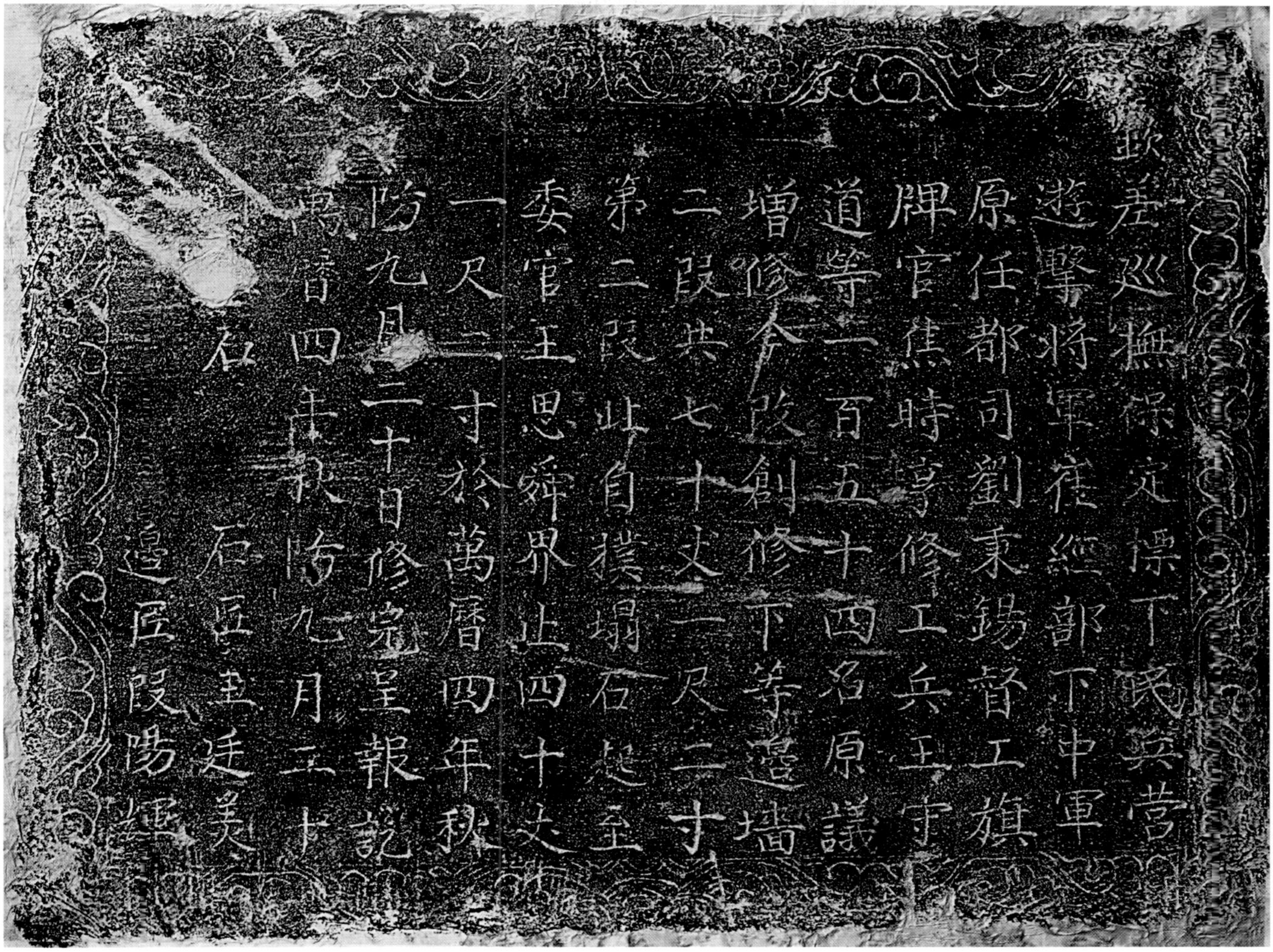

修城记事碑拓片（保定市博物馆馆藏）

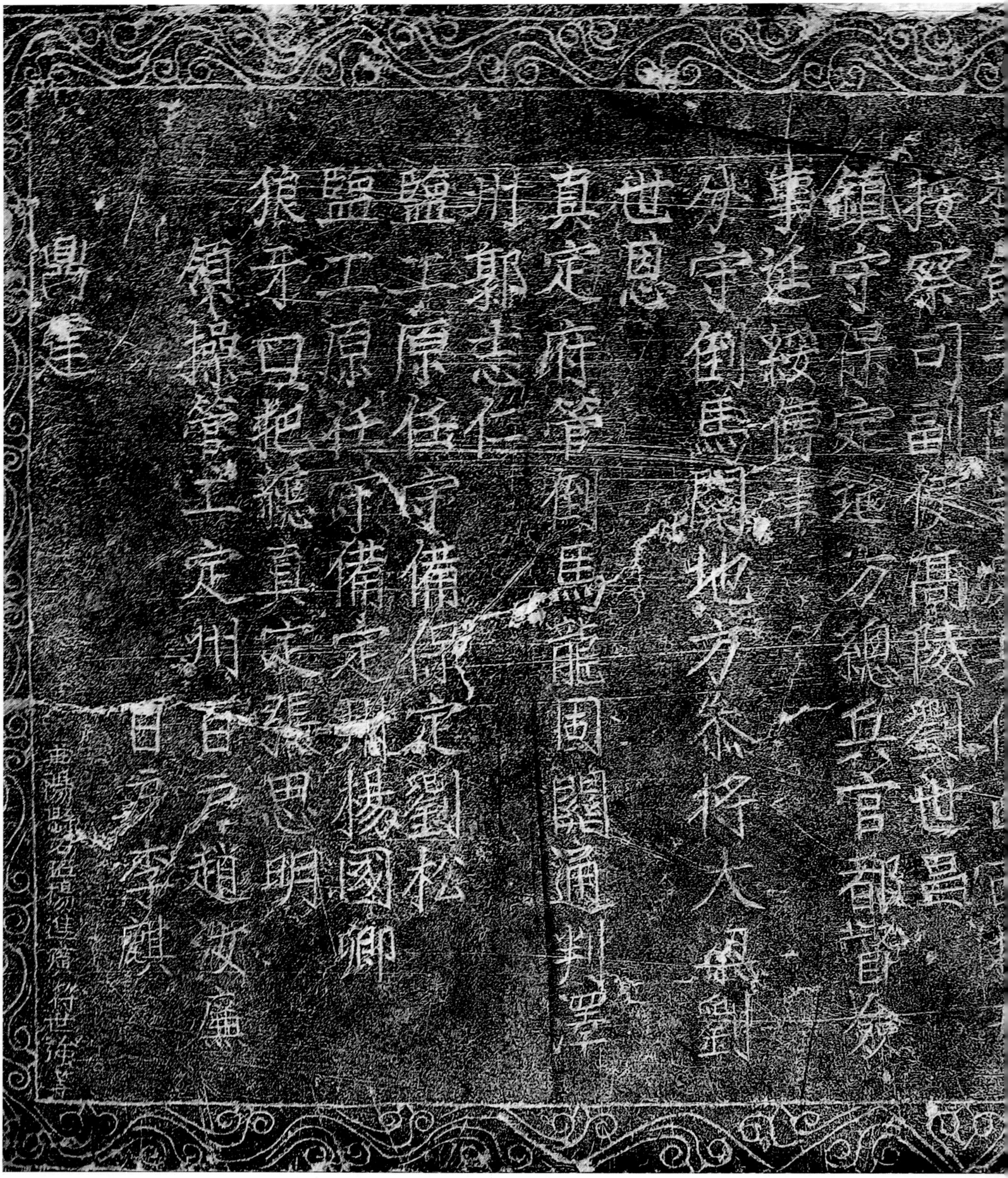
按察司副使高陵劉世昌
鎮守保定地方總兵官都督僉
事延綏傅津
分守倒馬關地方參將大寧劉
世恩
真定府管倒馬龍固關通判李
川郭志仁
臨工原任守備保定劉松
監工原任守備定州楊國卿
俱手曰把總真定張思明
領操管工定州百戶趙文廉
百戶李興
嶌建
曲陽縣石匠楊進福符世偉等

万历 ×× 秋阅视碑拓片（保定市博物馆馆藏）

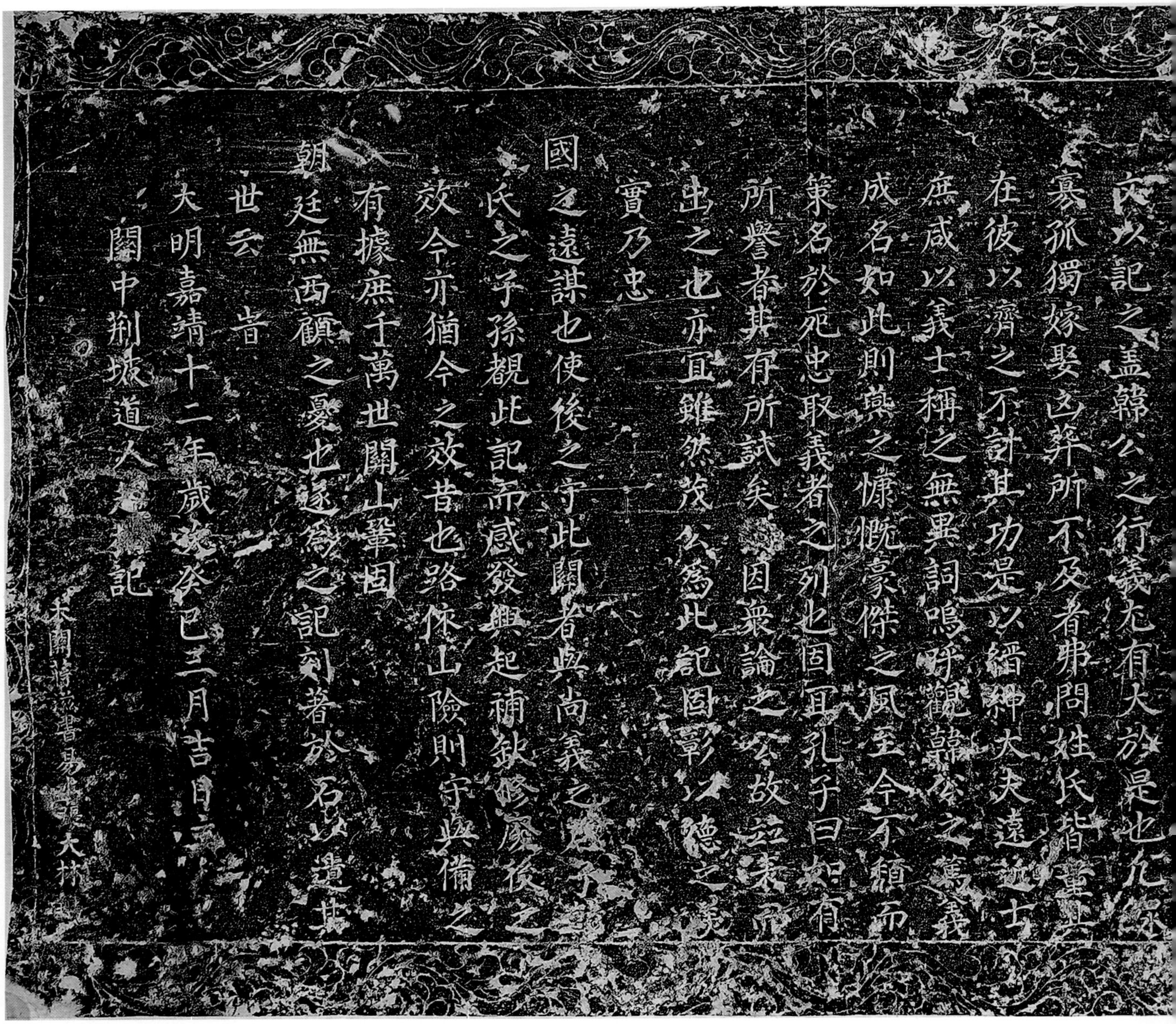
亦以記之蓋韓公之行義尤有大於是也允保
寡孤獨嫁娶凶葬所不及者弗問姓氏皆量上
在彼以濟之不計其功是以縉紳大夫遠邇士
庶咸以義士稱之無異詞嗚呼觀韓公之篤義
成名如此則與之慷慨豪傑之風至今不領而
策名於死忠取義者之列也固宜孔子曰如有
所譽者其有所試矣因衆論之公故並表而
出之也亦宜雖然茂公爲此記固彰以德之美
實乃忠
國之遠謀也使後之守此關者與尚義之子
氏之子孫覩此記而感發興起補缺修廢後之
效今亦猶今之效昔也路依山險則守與備之
有據庶千萬世關山鞏固
朝廷無西顧之憂也遂爲之記刻著於石以遺其
世云旹
大明嘉靖十二年歲次癸巳三月吉日立
關中荆坡道人□□記
本關將□書易州張大材□

重修紫荊關盤道記
紫荊四野龍盤虎踞襟河帶川井泉山
茂林凌乎霄漢出[illegible]雲雨大虛濯[illegible]
時之變態不可復識也惟南有石徑及
由底升巔崎嶇若羊腸之險東倚於
之畔西臨乎洞瑩蟠地之絕
兩都北極邊陲還容騷人多由於此我
朝所以設此關憑此險以爲
前太監羅[illegible]能
耿公忠嘗效前修鑿山通道然歲久崩塌依隘
商旅攀緣則有懷鄉失路而悲難越者[illegible]水
茂公鎮以忠廉承
命來守是關欲疏廣斯道之壅隘乃謀諸義士韓
政曰再素以行義爲樂苟能注意於斯不允義
之大者乎政忻諾捐貲不計豐約命工傭役因
高下而損益之引水穿鑿斷岡轉路期歲始成
蕩若周行由是行歌乘和往來不絕而商旅皆

重修紫荆关盘道记事碑拓片（保定市博物馆馆藏）

命來守是關欲疏廣斯道之壅隘乃諆諸義士韓
政曰再素以行義爲樂若能注意於斯不无義
之大者乎政忻諾捐貲不計豐約命工傭役因
高下而損益之引水穿鑿斷崗轉路期歲始成
蕩若周行由是行歌乘和往來不絕而商旅皆
願出於其途矣夫以斯道之險夷乃爲人之患
喜而不知誰之所爲也茂公不沒人善故索予
文以記之蓋韓公之行義尤有大於是也允鰥
寡孤獨嫁娶凶葬所不及者弗問姓氏皆量其
在彼以濟之不計其功是以縉紳大夫遠近士
庶咸以義士稱之無異詞嗚呼觀韓公之篤義
成名知也則與之康晚豪桀之風至今有頼而

重修紫荆關盤道記

紫荆四野龍盤虎踞襟河帶山其泉[illegible]

茂林凌乎霄漢出齊雲雨大虛濯洗[illegible]

時之變態不可復識也惟南有石徑及[illegible]

由底升巔崎嶇若羊腸之險東倚於叢[illegible]

之畔西臨乎洞壑蟠地之絶崖也然則當[illegible]

兩都北極邊陲遷客騷人多由於此我

朝所以設此關憑此險以為[illegible]

前太監羅公能

耿公忠嘗效前修鑿山通道然歲久崩塌狹隘

商旅攀緣則有懷鄉失路而悲難越者矣水

后记

保定是全国历史文化名城、河北省第一文物大市，文化底蕴深厚，历史遗存丰富，文物古迹众多，长城就是其中重要的历史文化遗存。历年来，各级党委、政府高度重视长城的保护利用工作，省、市、县文物部门开展了紫荆关长城修缮、乌龙沟长城抢险加固等一系列文物保护工程，在长城周边沿线村镇宣传长城保护的政策法规，聘用保护员开展日常巡查。在不断加强执法检查力度的同时，推进长城保护的立法工作，保护成果日益显著。然而，由于宣传工作不够充分广泛，造成了保定长城“养在深闺人未识”的局面。

按照《长城、大运河、长征国家文化公园建设方案》（以下简称“《方案》”）精神，长城的保护利用宣传纳入国家战略。为贯彻落实《方案》精神，保定陆续开展形式多样的长城宣传工作，举办了保定长城摄影展，完成了长城宣传片的制作，开展了长城文化专题展览的筹备工作和《保定长城图典》的编纂工作。保定市文化广电和旅游局成立《保定长城图典》编委会，组织专业力量，启动编纂工作。《保定长城图典》一书从2020年8月开始谋划，9月确定文稿体例，10月至12月收集资料、实地拍摄、整理照片、编纂文字，2021年1月至7月组织专家对图片、文本、装帧等多次研究，反复斟酌，精益求精，最终定稿。书中采用了“保定长城摄影展”中部分参展摄影家的作品，为《保定长城图典》增色不少。由于编者学识有限，加之时间仓促，书中的疏漏与错误在所难免，敬请方家批评指正。

《保定长城图典》的编辑与出版工作，得到了市委、市政府的高度关注和大力支持，郭建永、吴磬军、李文龙等专家学者提出了很多宝贵意见和建议，提供了大量资料，阜平、涞源、易县、涞水、顺平、唐县、曲阳、徐水等县（区）文物部门在拍摄和资料提供方面积极配合，在此一并致谢。

《保定长城图典》编委会

2021年7月